# Caderno de letras

Volume 1
Educação Infantil

1ª edição
São Paulo
2015

Coleção Eu gosto m@is
Caderno de letras
© IBEP, 2015

**Diretor superintendente** — Jorge Yunes
**Diretora editorial** — Célia de Assis
**Gerente editorial** — Maria Rocha Rodrigues
**Coordenadora editorial** — Simone Silva
**Assessoria pedagógica** — Valdeci Loch
**Editora** — Mirian Gaspar
**Assistente editorial** — Fernanda Santos
**Coordenadora de revisão** — Heló Beraldo
**Revisão** — Beatriz Hrycylo, Luiz Gustavo Bazana, Rosani Andreani, Salvine Maciel
**Secretaria editorial e Produção gráfica** — Fredson Sampaio
**Assistentes de secretaria editorial** — Carla Marques, Karyna Sacristan, Mayara Silva
**Assistentes de produção gráfica** — Ary Lopes, Eliane Monteiro, Elaine Nunes
**Coordenadora de arte** — Karina Monteiro
**Assistentes de arte** — Aline Benitez, Gustavo Prado Ramos, Marília Vilela, Thaynara Macário
**Coordenadora de iconografia** — Neuza Faccin
**Assistente de iconografia** — Barbara Odria Vieira
**Ilustração** — Eunice/Conexão editorial
**Processos editoriais e tecnologia** — Elza Mizue Hata Fujihara, Fernando Cardille
**Projeto gráfico e capa** — Departamento de Arte – IBEP
**Ilustração da capa** — Manifesto Game Studio
**Diagramação** — N-Publicações

![IBEP]

Av. Alexandre Mackenzie, 619 - Jaguaré
São Paulo – SP – 05322-000 – Brasil - Tel.: (11) 2799-7799
www.editoraibep.com.br  editoras@ibep-nacional.com.br

1ª edição - São Paulo - 2015
Todos os direitos reservados.

Impressão - Gráfica Mercurio S.A. - Agosto 2024

CIP-BRASIL. CATALOGAÇÃO NA PUBLICAÇÃO
SINDICATO NACIONAL DOS EDITORES DE LIVROS, RJ

C129

Caderno de letras : volume 1 / IBEP. - 1. ed. - São Paulo : IBEP, 2015.
il. (Eu gosto mais)

ISBN 9788534245326 (aluno) / 9788534245333 (mestre)

1. Educação. 2. Educação de crianças 3. Pedagogia crítica. I. Instituto Brasileiro de Edições Pedagógicas. II. Série.

15-25548
CDD: 370.71
CDU: 37.02

13/08/2015  13/08/2015

# MENSAGEM AO ALUNO

Querido aluno, querida aluna,

A Coleção **Eu gosto m@is** foi escrita pensando em você. Estudar com ela permitirá que você faça grandes descobertas sobre o mundo do conhecimento.

Agora, queremos lhe apresentar o *Caderno de Letras – Volume 1*.
Nele, você realizará diferentes registros do traçado das letras e dos números.

Cuide bem de seu caderno e bom trabalho!

# SUMÁRIO

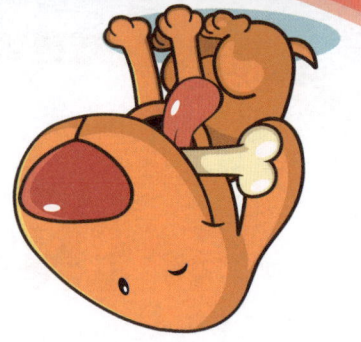

| TEMA | PÁGINA |
|---|---|
| Coordenação motora | 5 |
| Vogais | 24 |
| Números | 30 |

TRACE OS CAMINHOS SEM ENCOSTAR NAS LINHAS LATERAIS E SEM TIRAR O LÁPIS DO PAPEL.

CUBRA O PONTILHADO SEGUINDO A ORIENTAÇÃO DAS SETAS.

CUBRA O PONTILHADO SEGUINDO A ORIENTAÇÃO DAS SETAS.

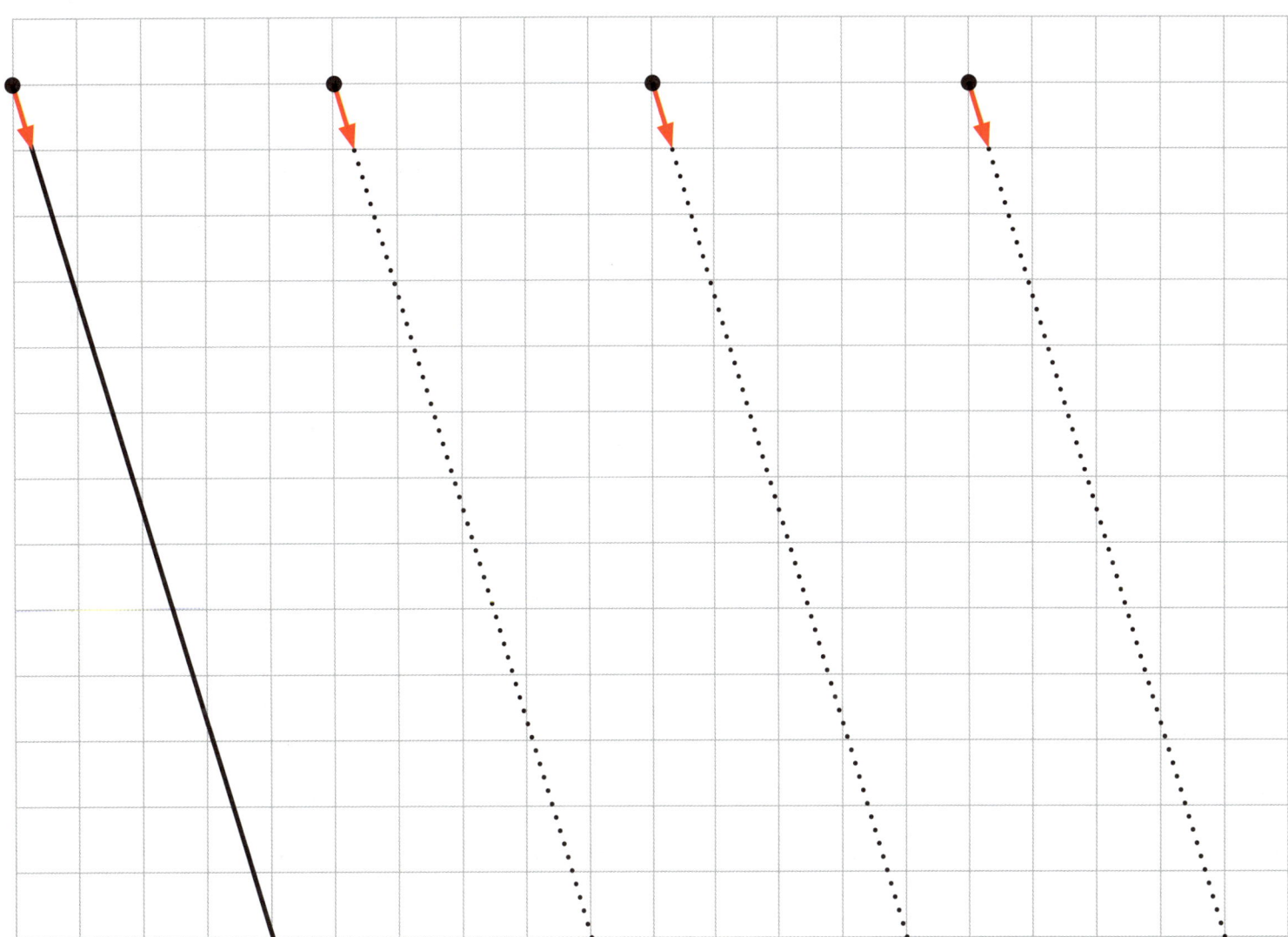

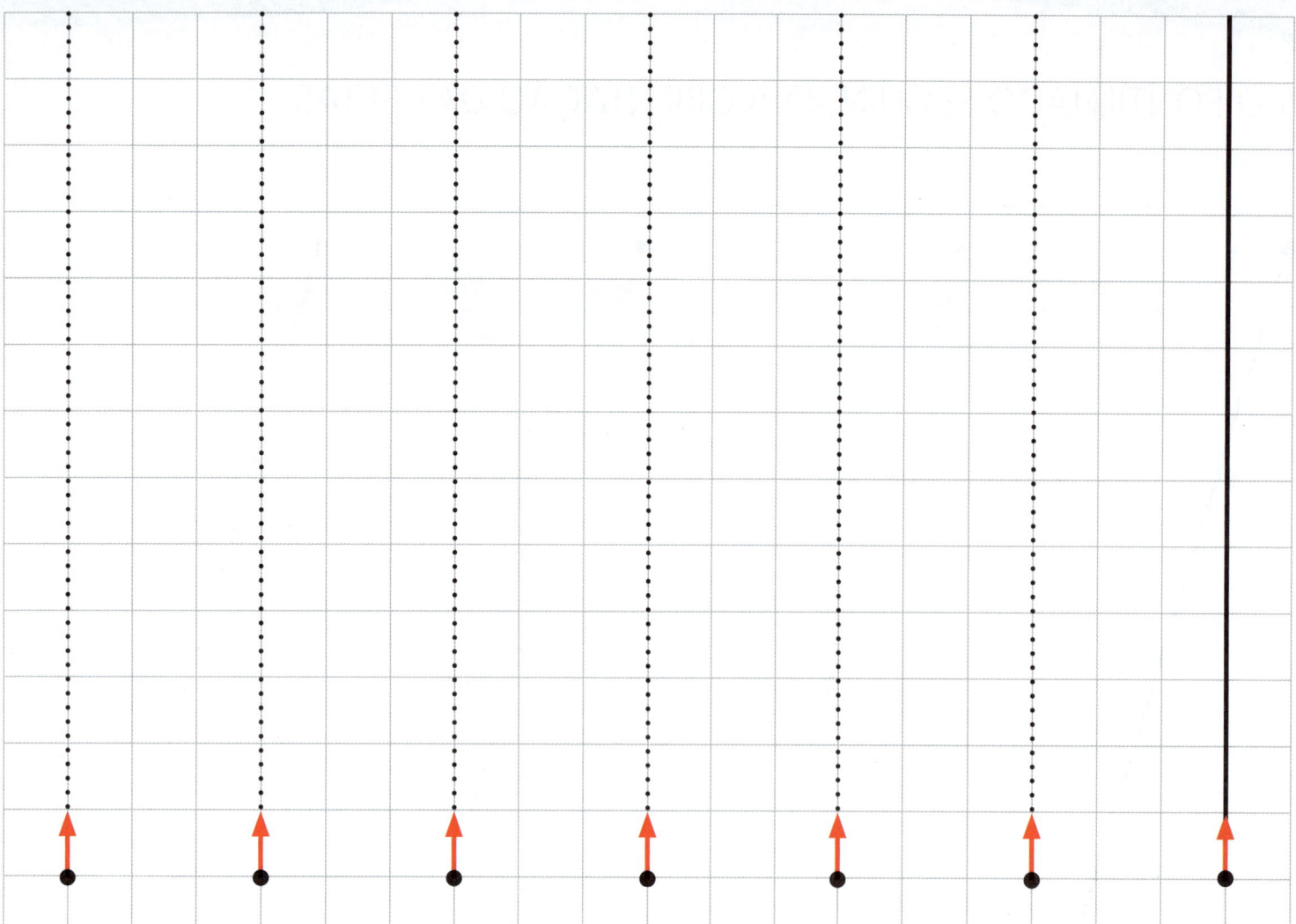

CUBRA O PONTILHADO SEGUINDO A ORIENTAÇÃO DAS SETAS.

## CUBRA O PONTILHADO SEGUINDO A ORIENTAÇÃO DAS SETAS.

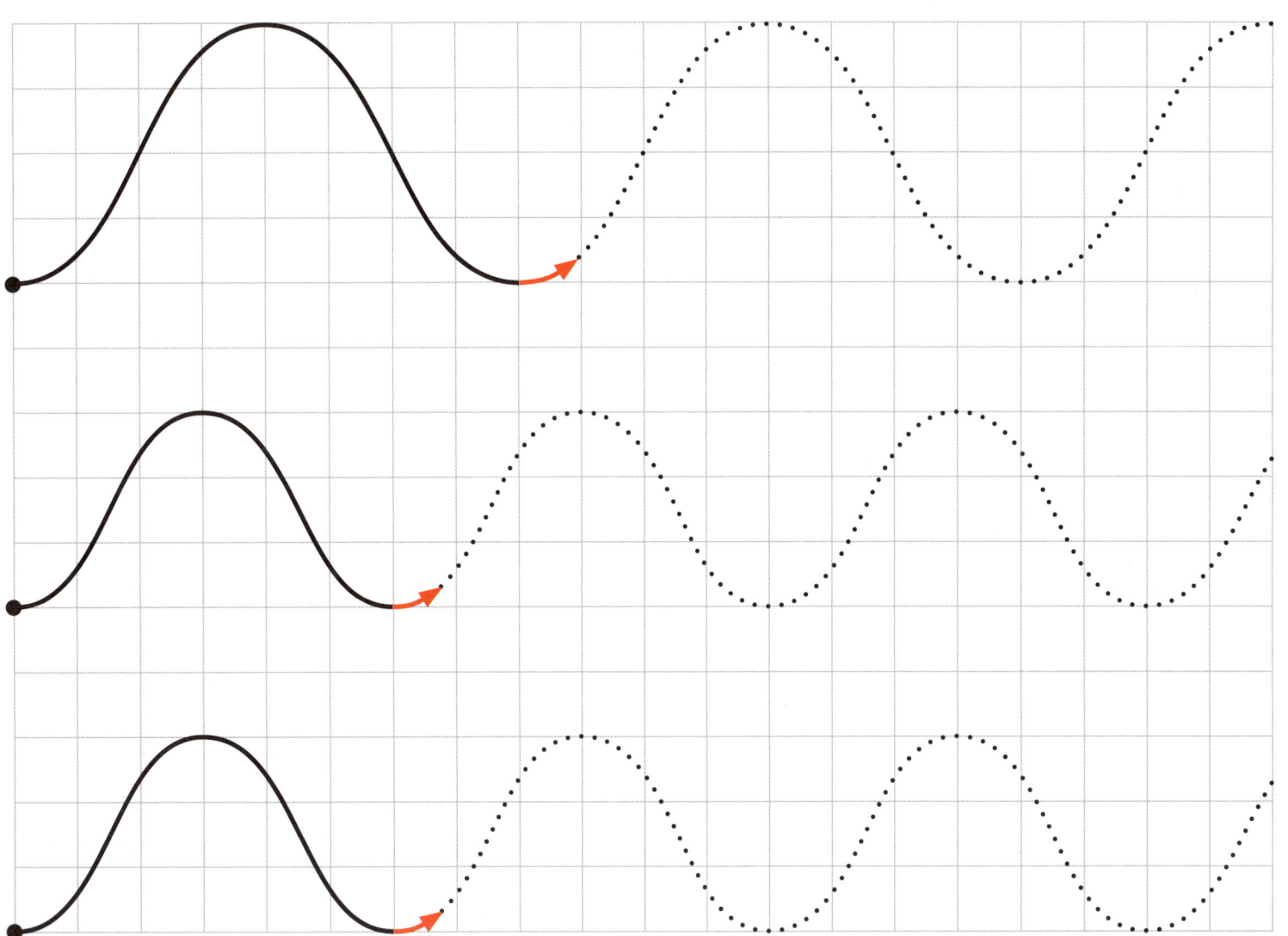

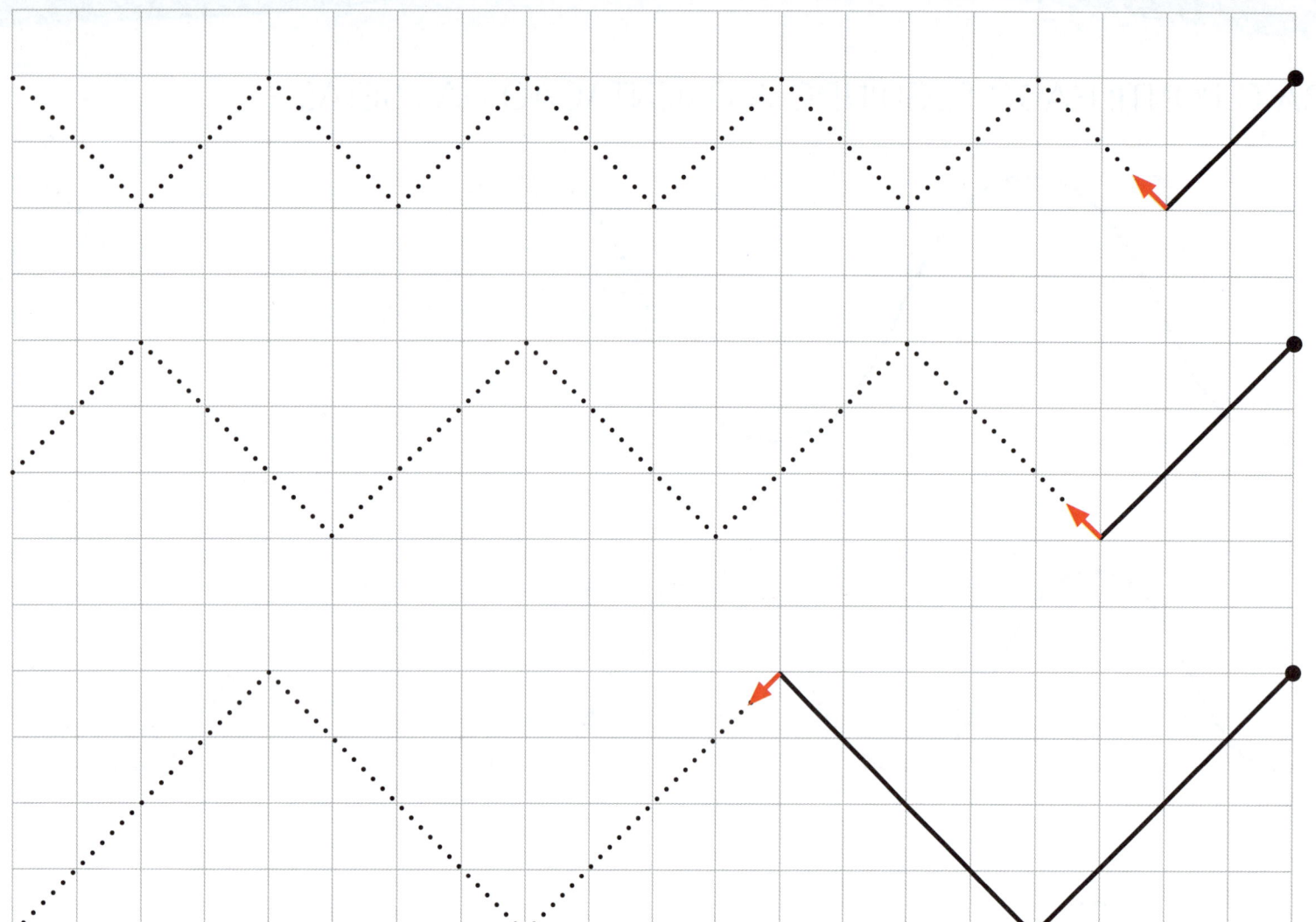

CUBRA O PONTILHADO SEGUINDO A ORIENTAÇÃO DAS SETAS.

CUBRA O PONTILHADO SEGUINDO A ORIENTAÇÃO DAS SETAS.

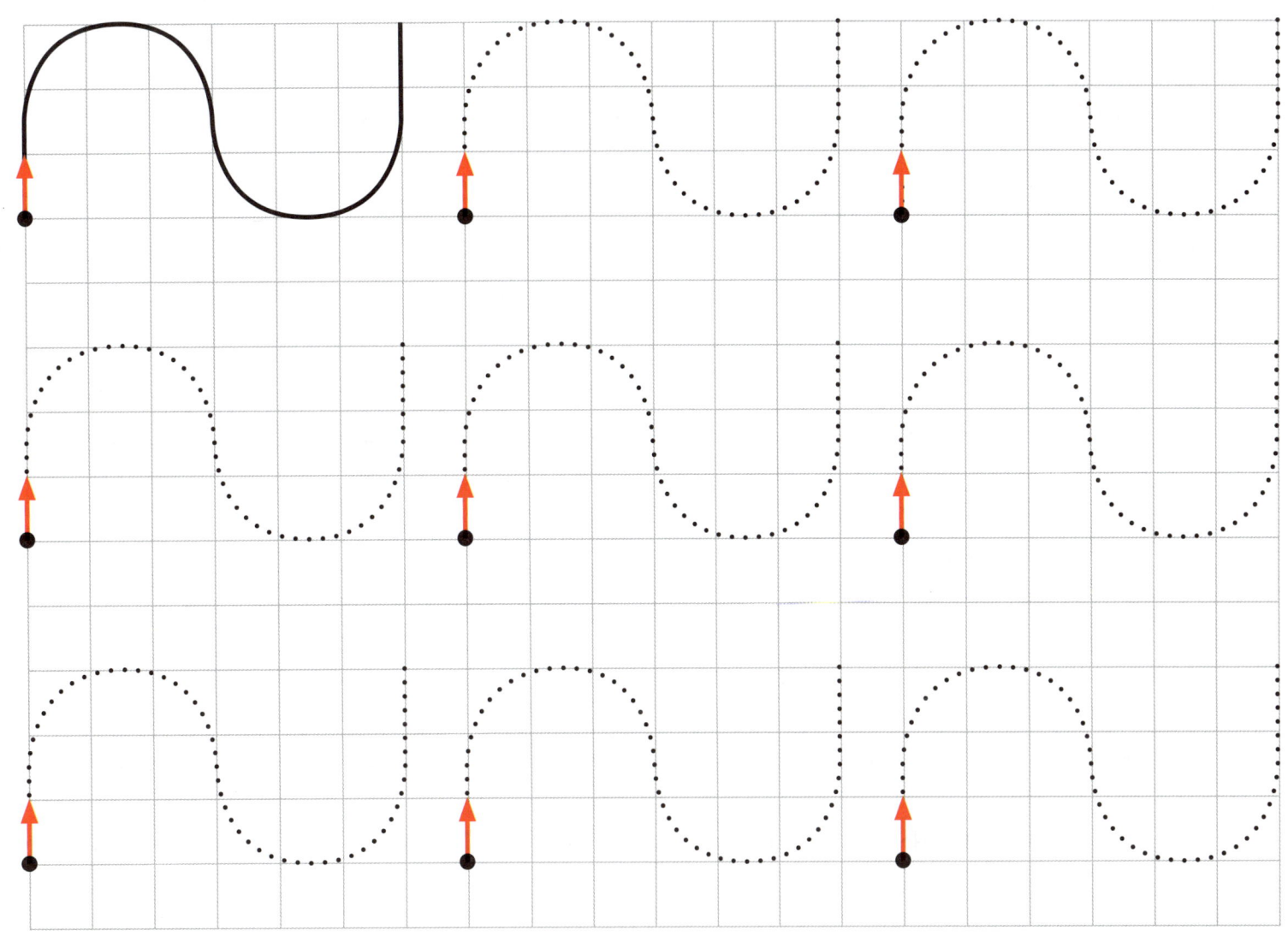

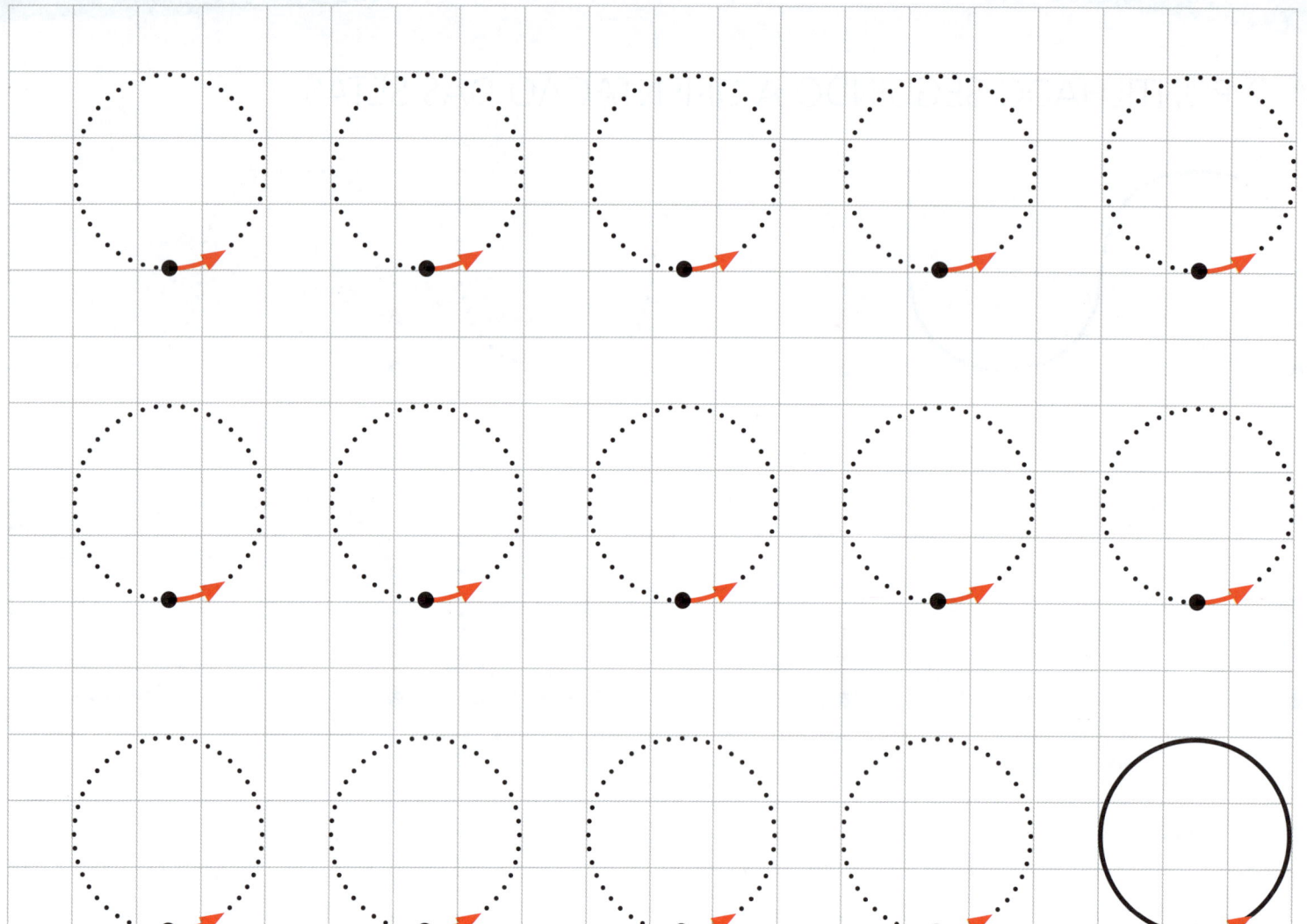

CUBRA O PONTILHADO SEGUINDO A ORIENTAÇÃO DAS SETAS.

## CUBRA O PONTILHADO SEGUINDO A ORIENTAÇÃO DAS SETAS.

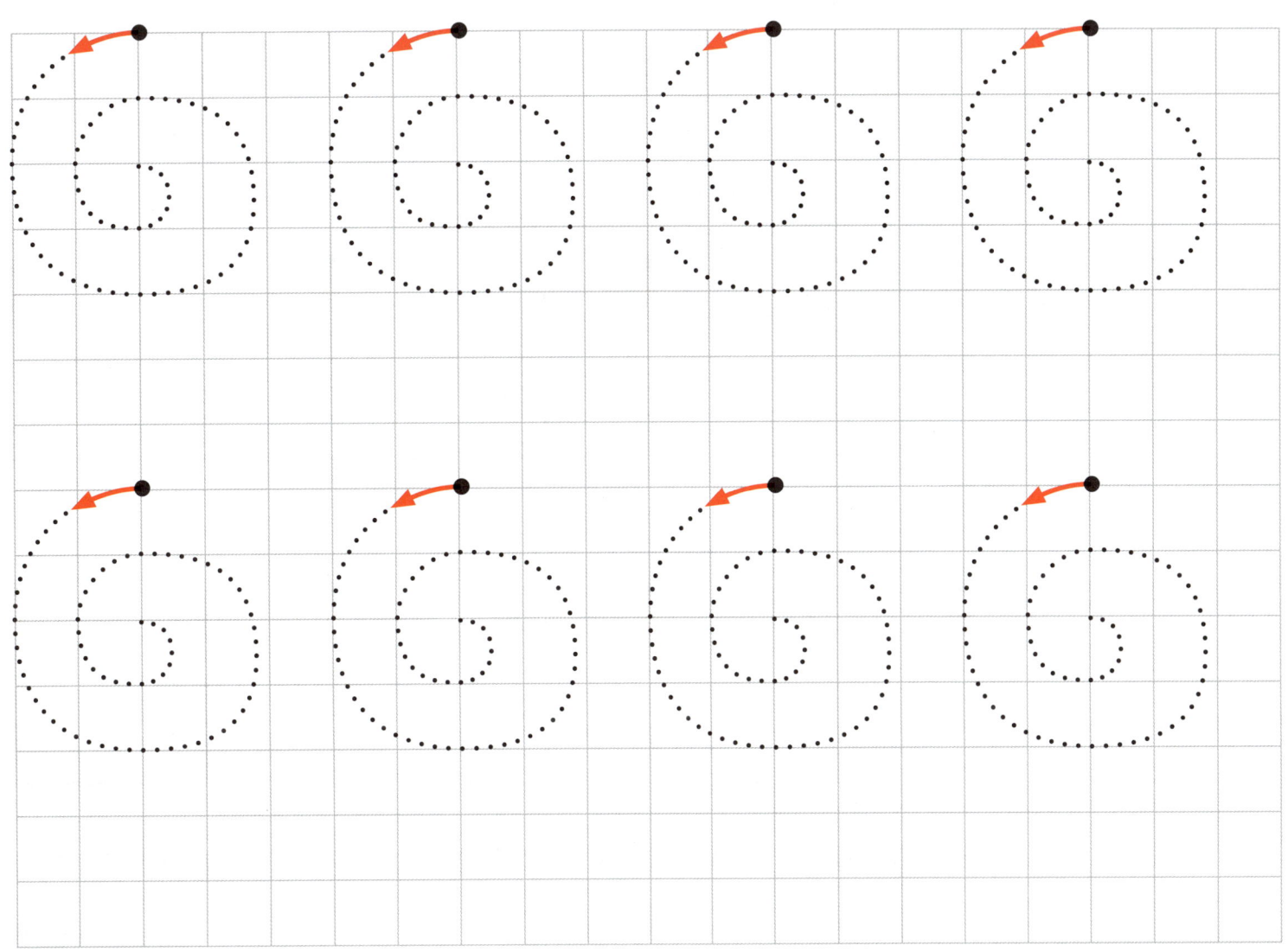

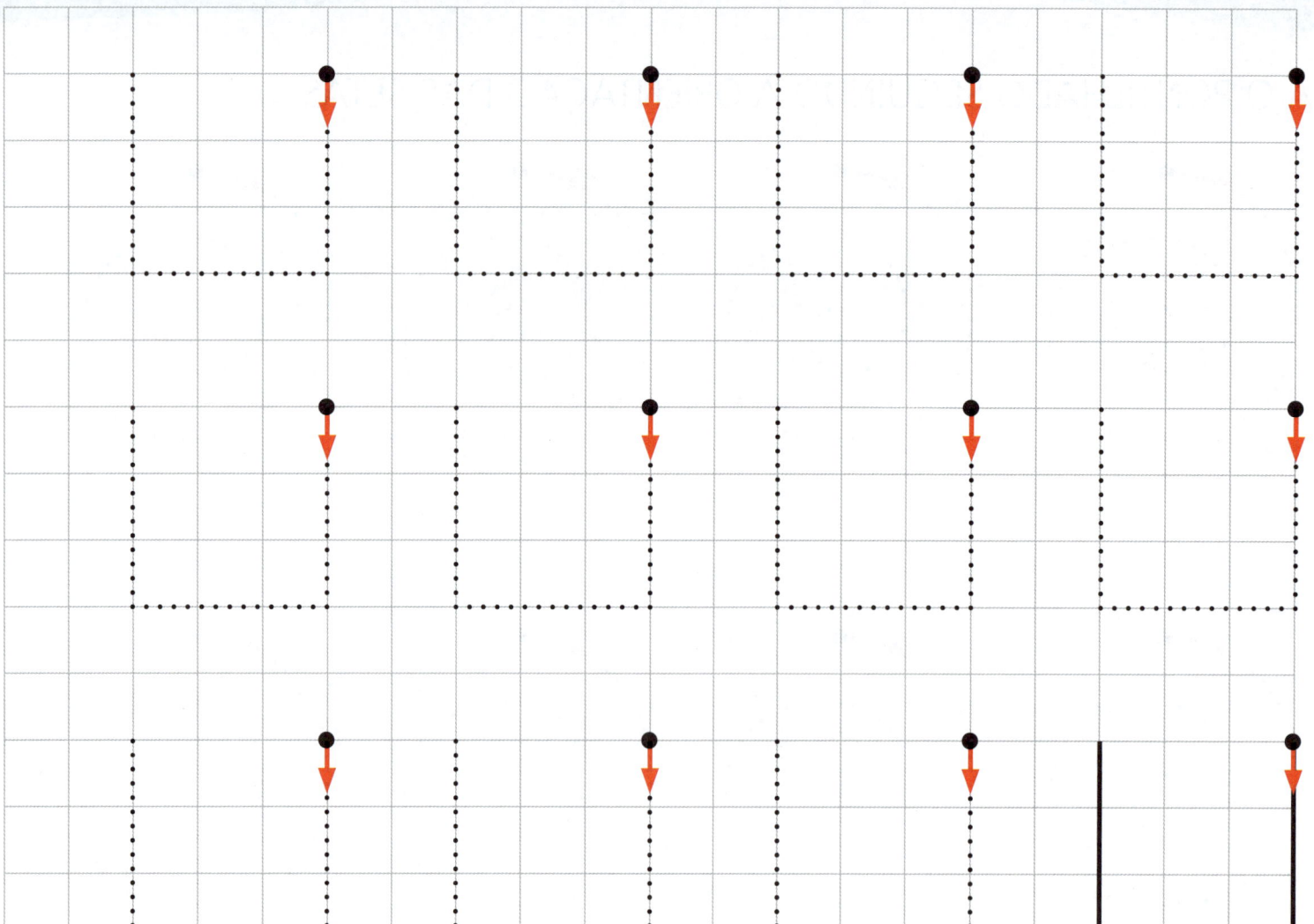

CUBRA O PONTILHADO SEGUINDO A ORIENTAÇÃO DAS SETAS.

CUBRA O PONTILHADO SEGUINDO A ORIENTAÇÃO DAS SETAS.

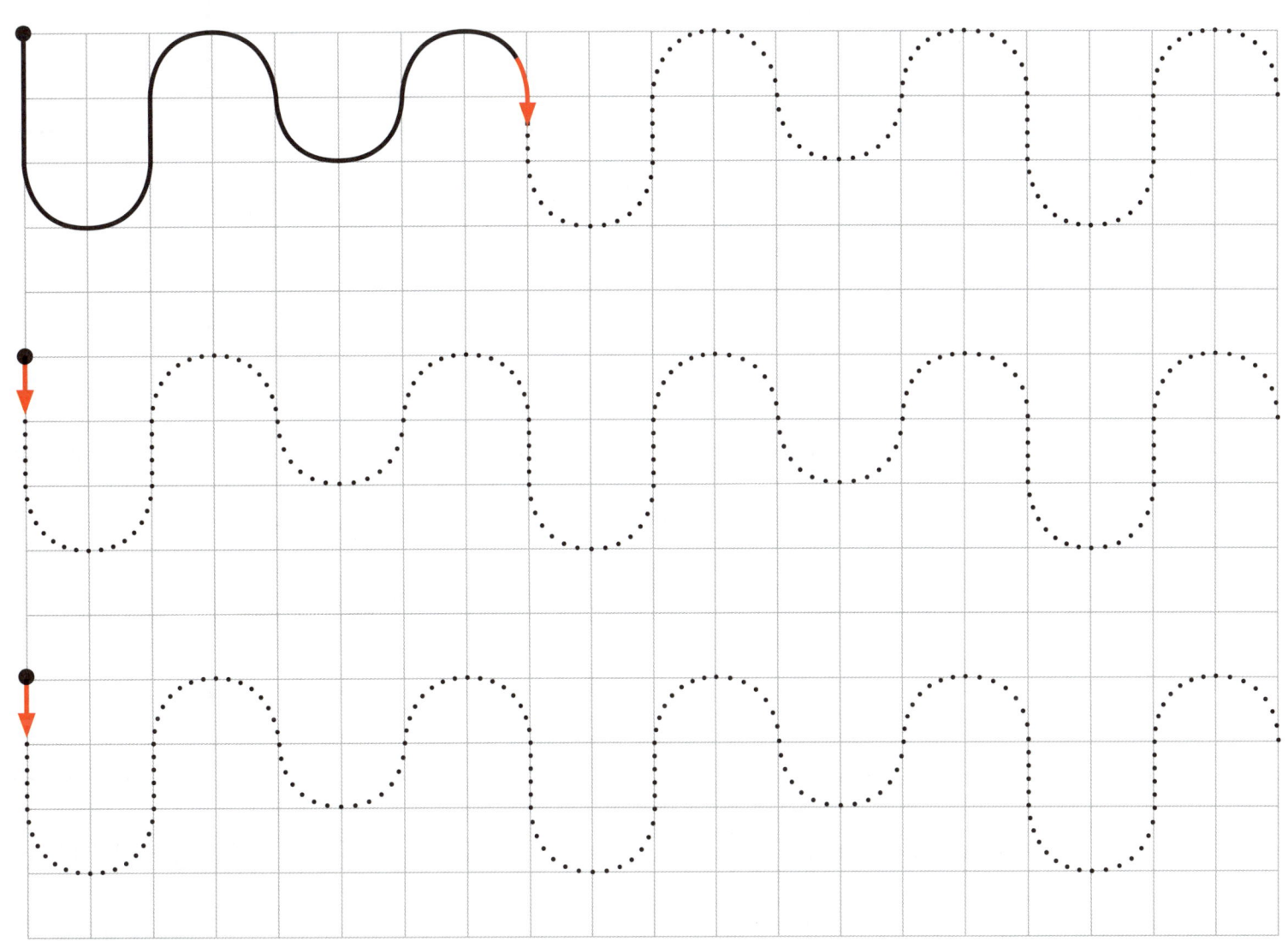

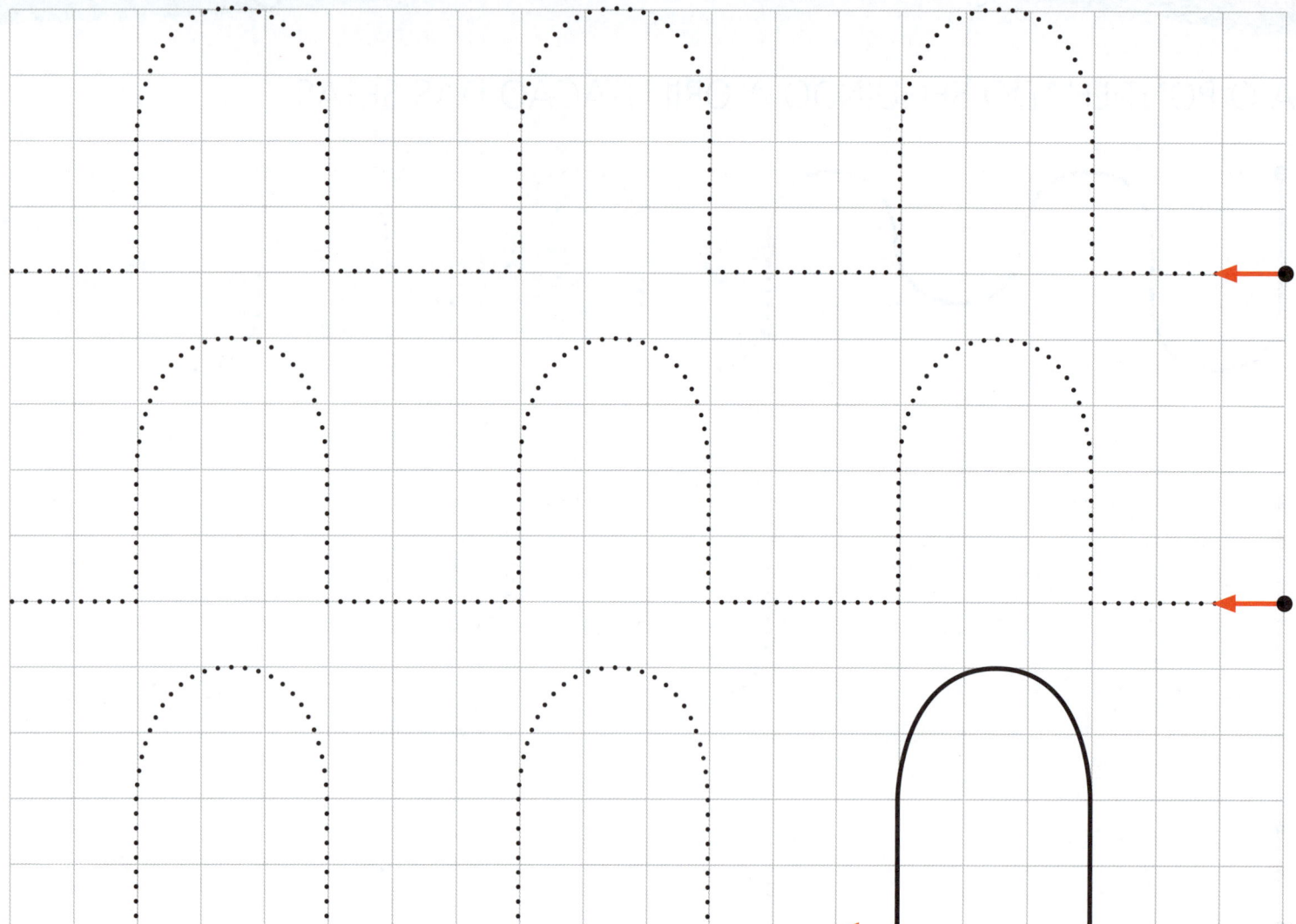

CUBRA O PONTILHADO SEGUINDO A ORIENTAÇÃO DAS SETAS.

CUBRA O PONTILHADO SEGUINDO A ORIENTAÇÃO DAS SETAS.

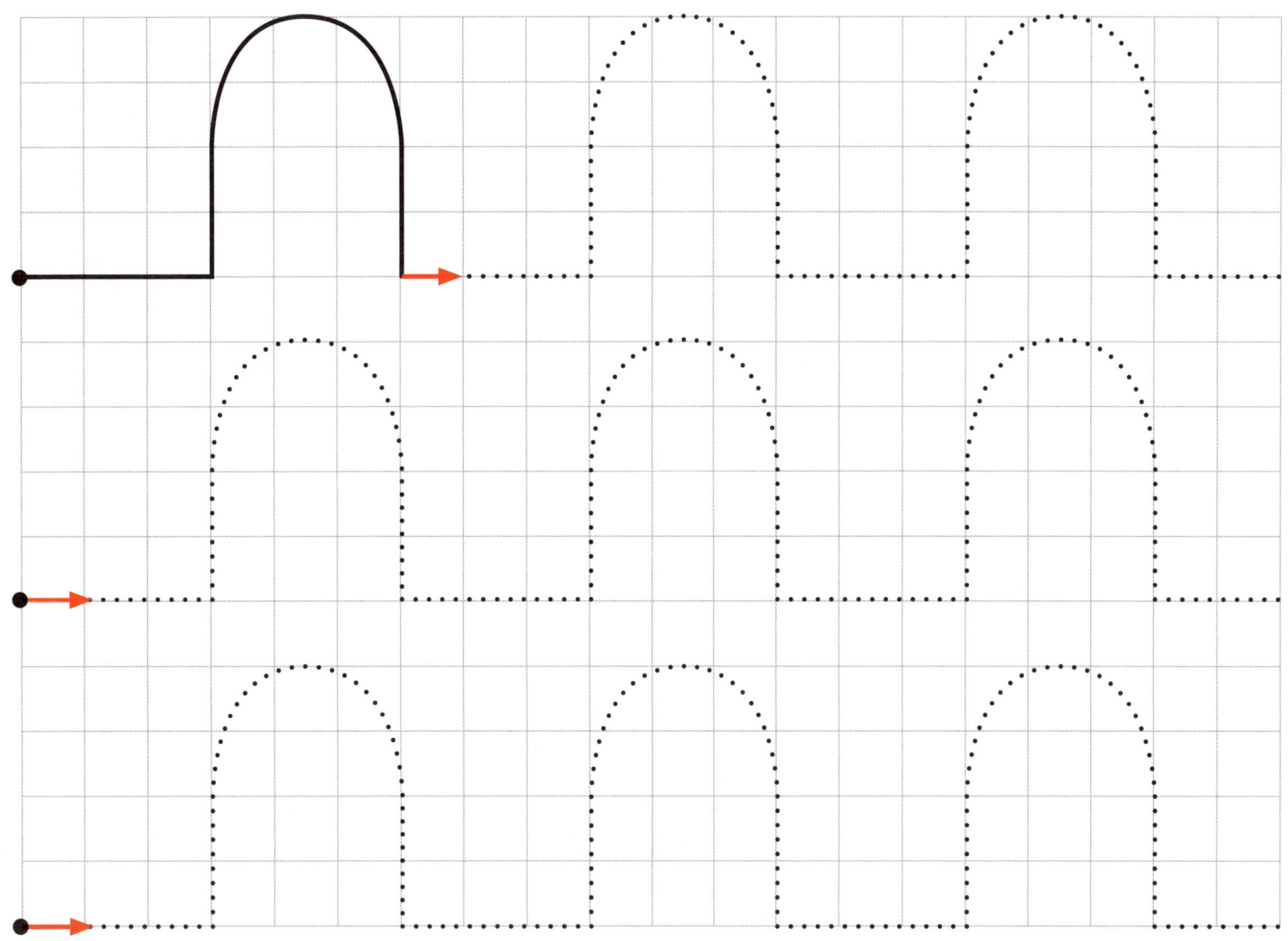

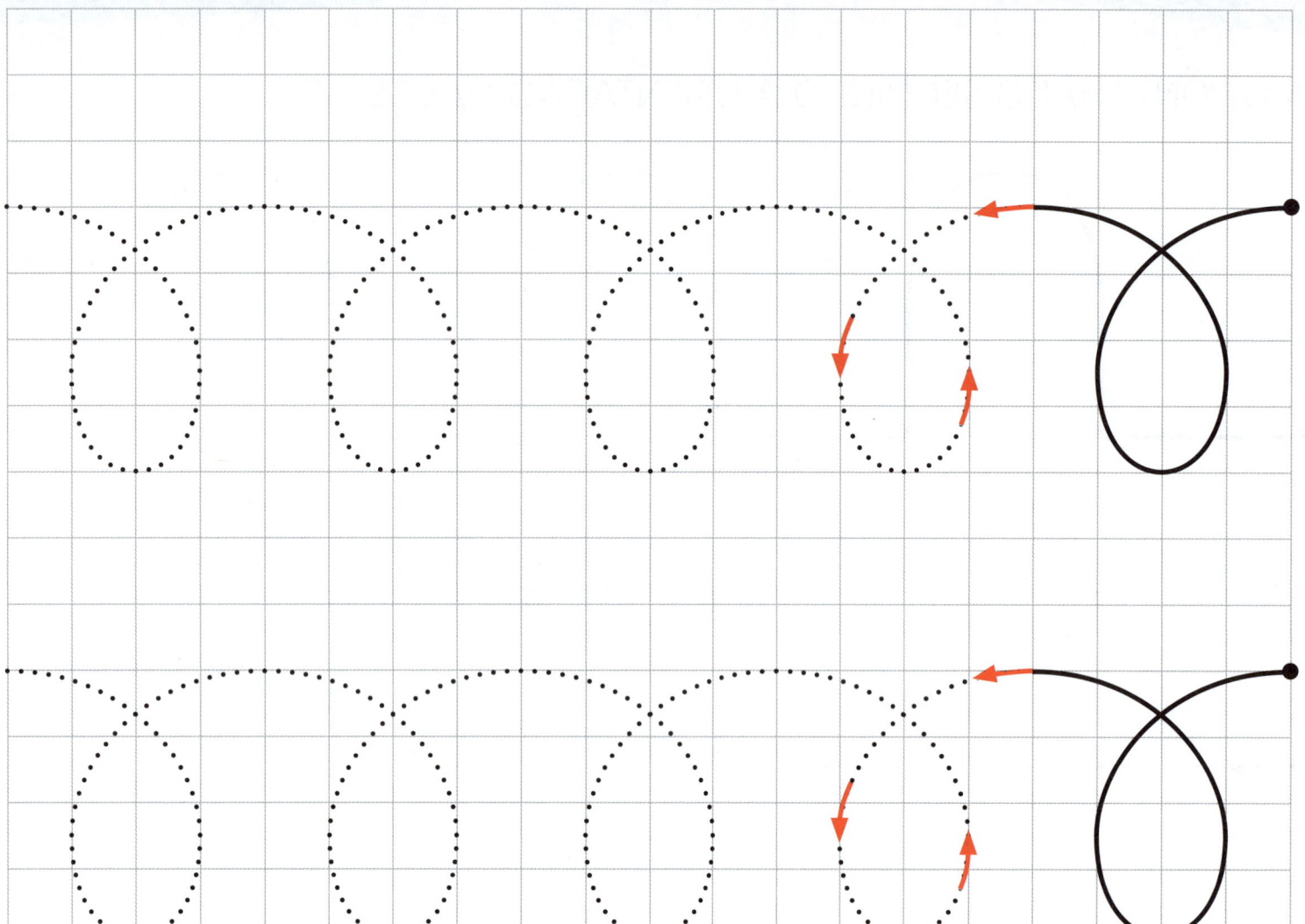

CUBRA O PONTILHADO SEGUINDO A ORIENTAÇÃO DAS SETAS.

CUBRA O PONTILHADO SEGUINDO A ORIENTAÇÃO DAS SETAS.

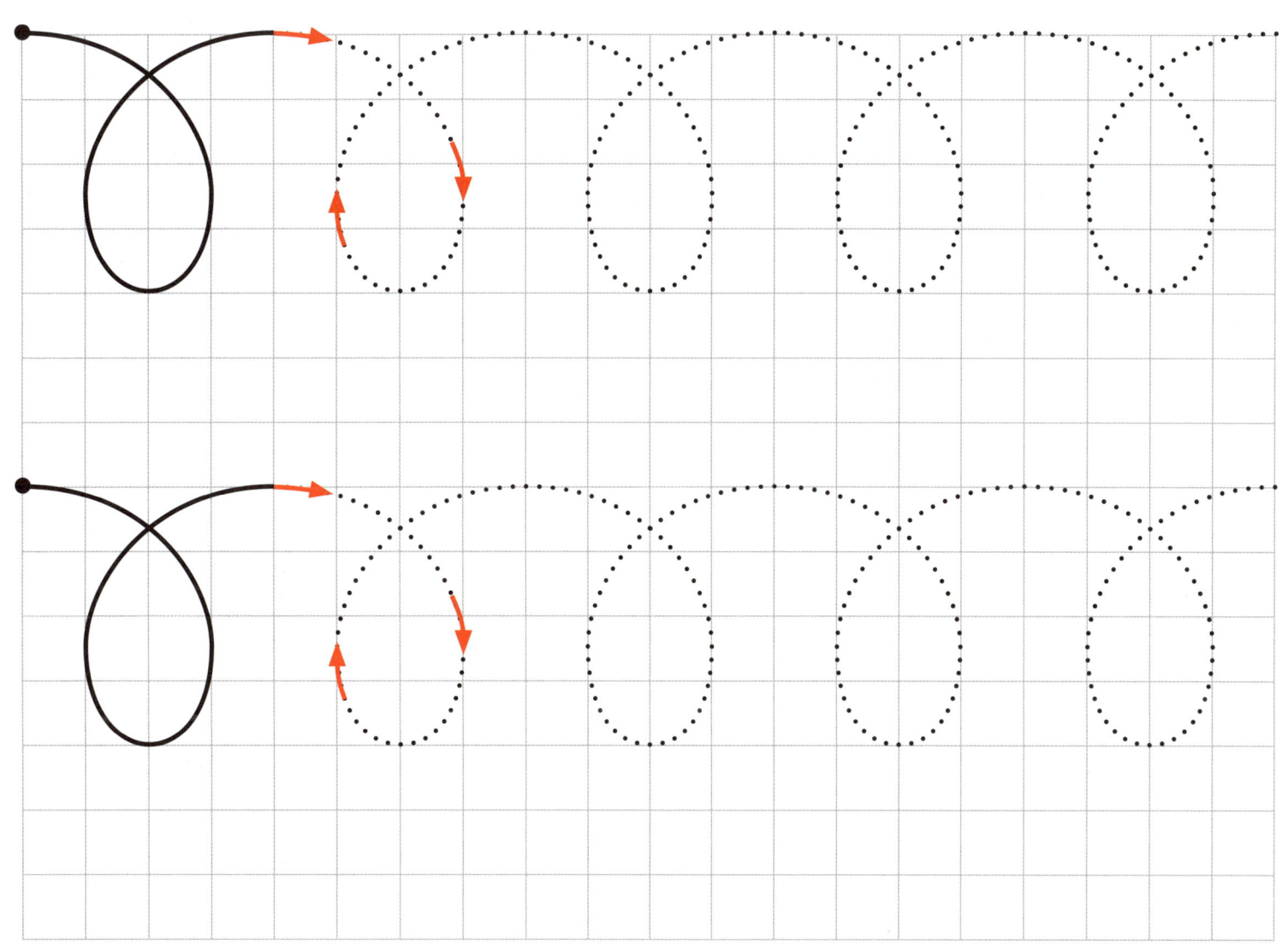

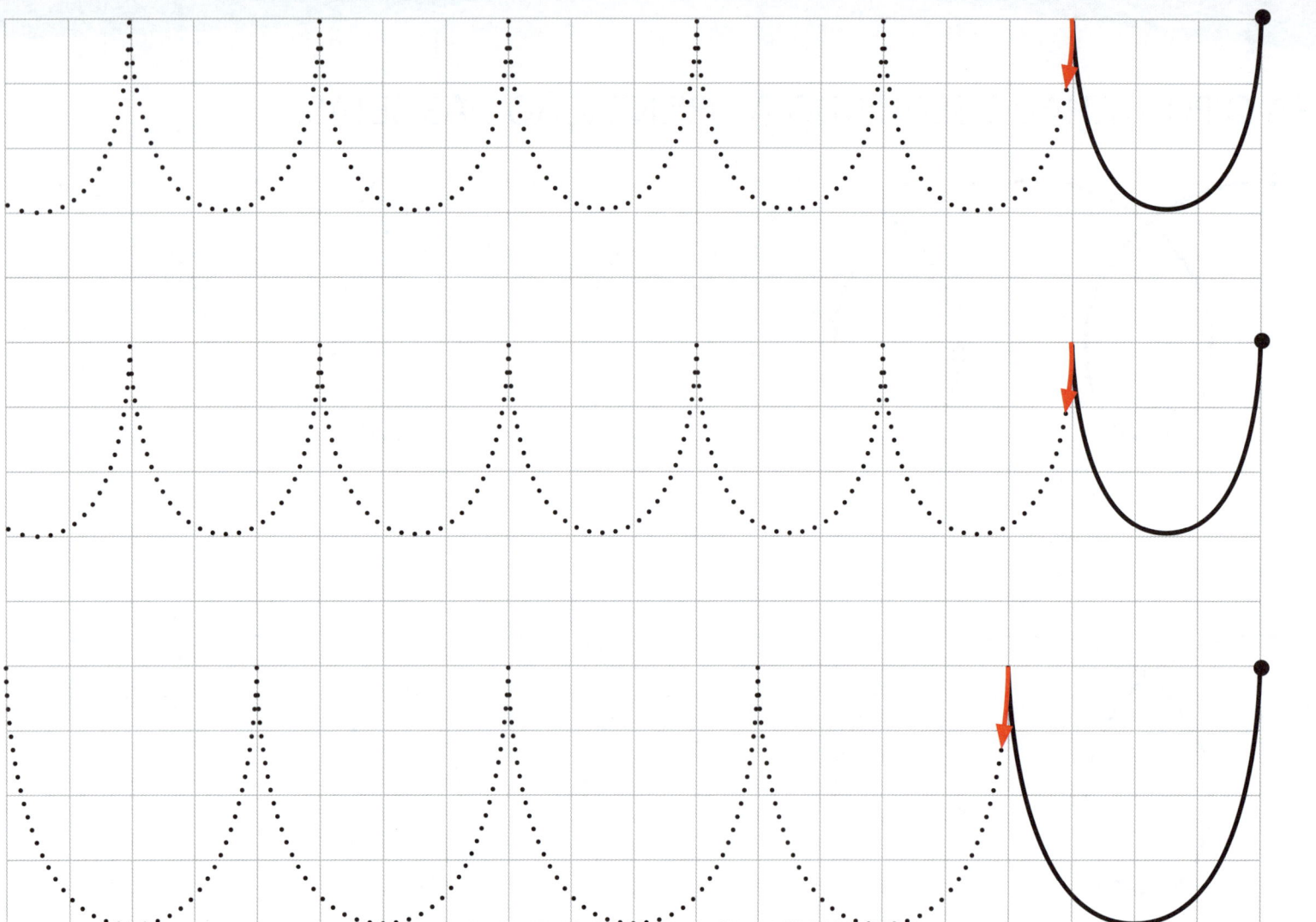

CUBRA O PONTILHADO SEGUINDO A ORIENTAÇÃO DAS SETAS.

CUBRA O PONTILHADO SEGUINDO A ORIENTAÇÃO DAS SETAS.

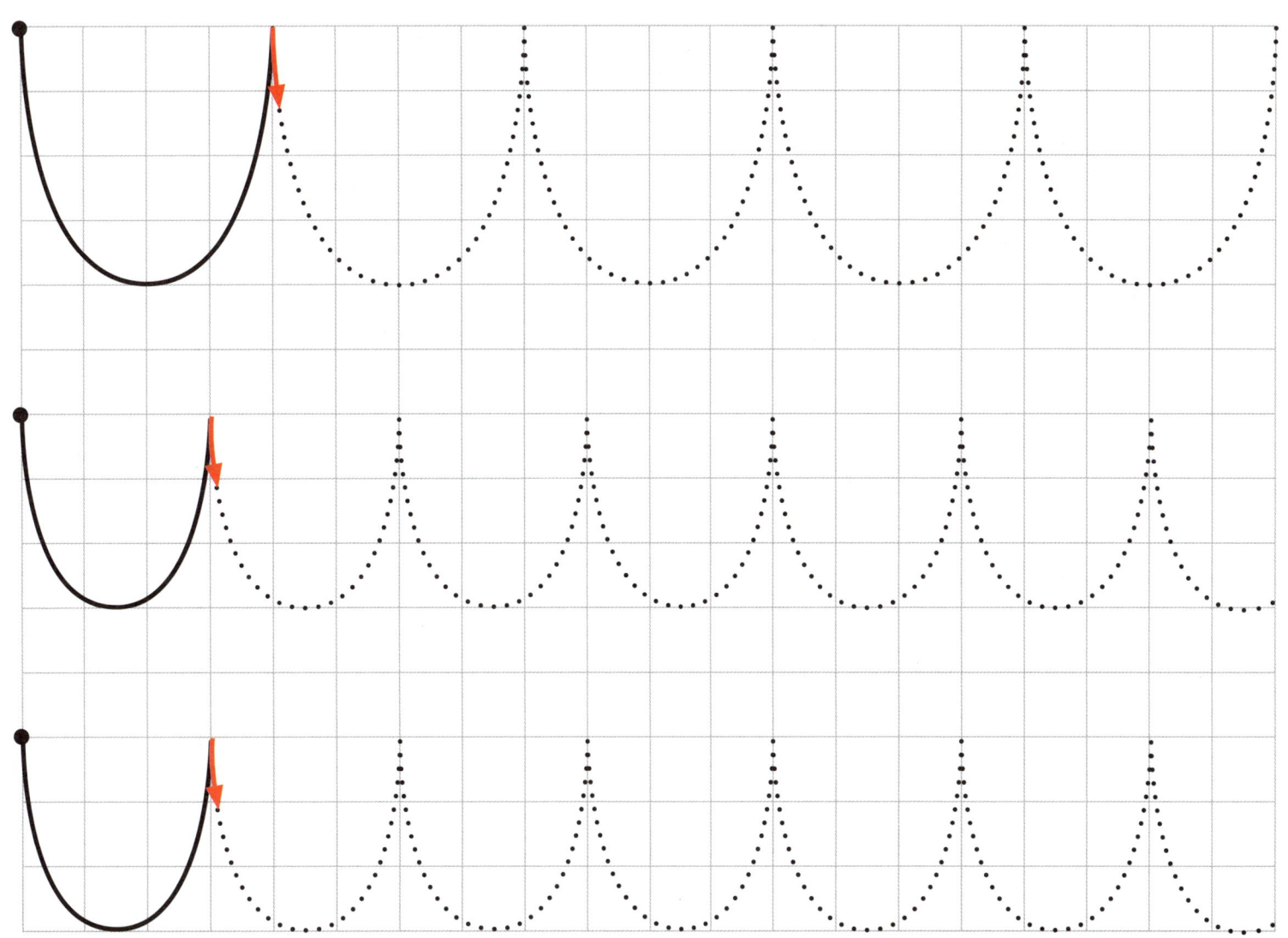

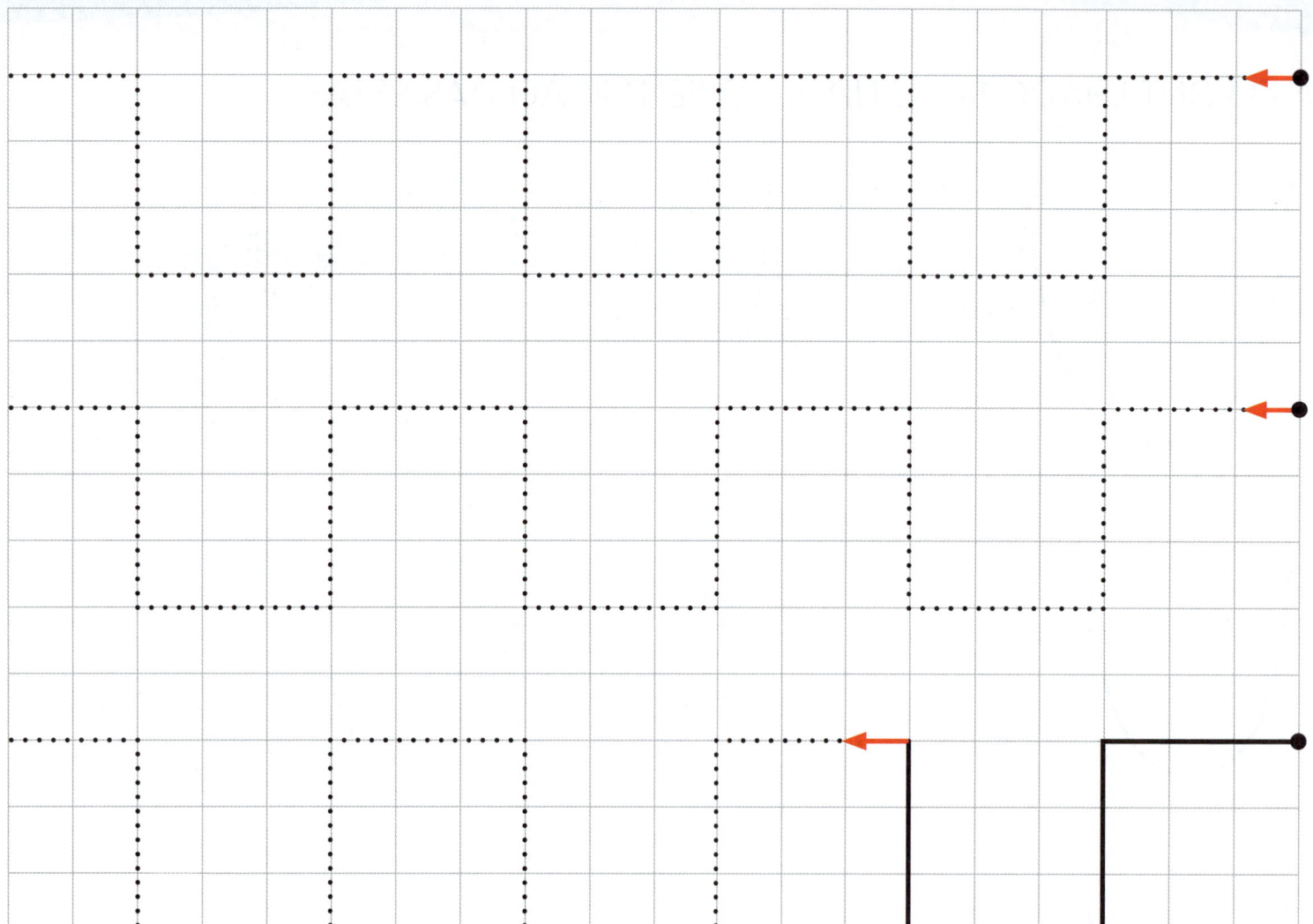

CUBRA O PONTILHADO SEGUINDO A ORIENTAÇÃO DAS SETAS.

## CUBRA O PONTILHADO SEGUINDO A ORIENTAÇÃO DAS SETAS.

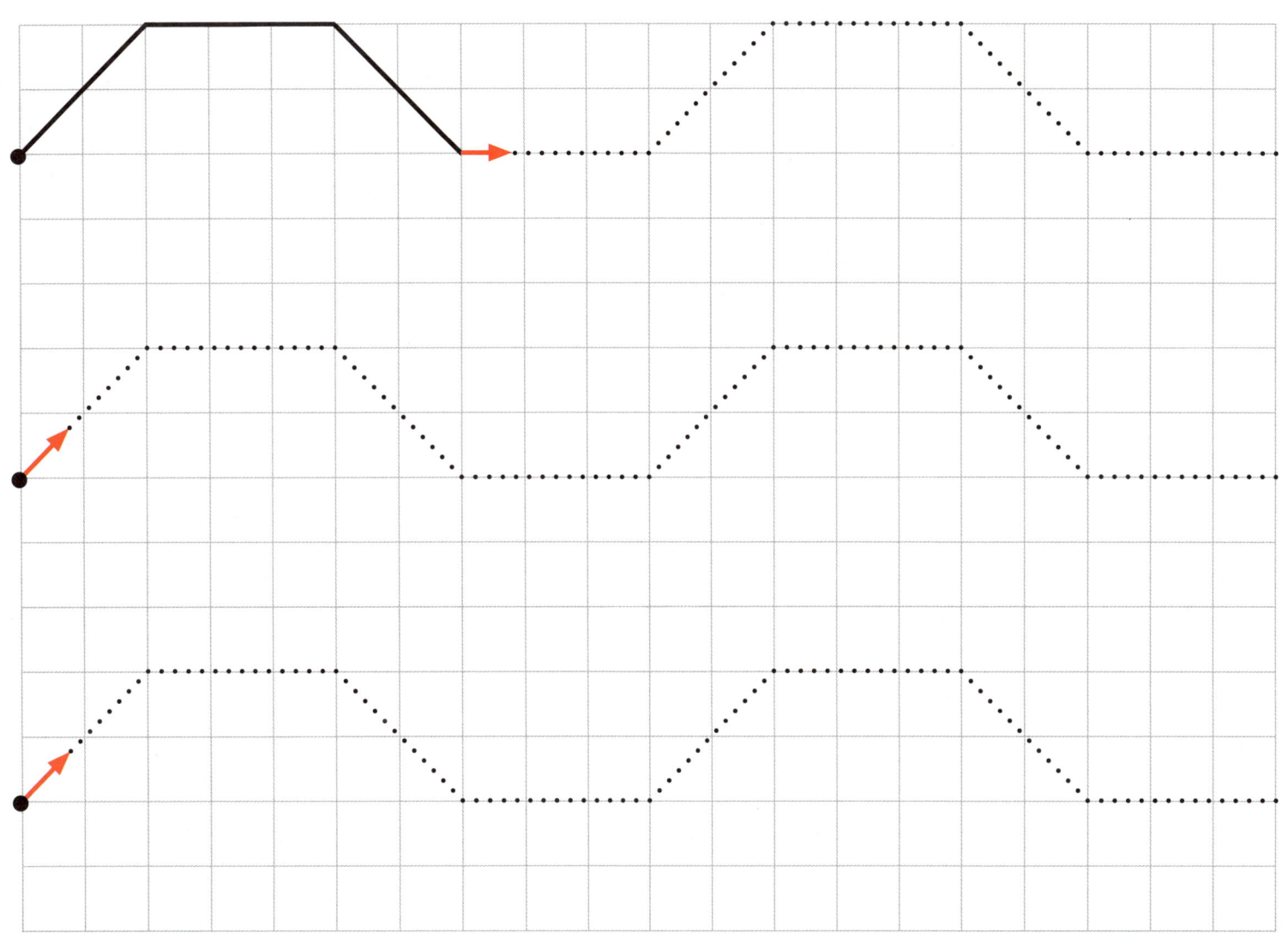

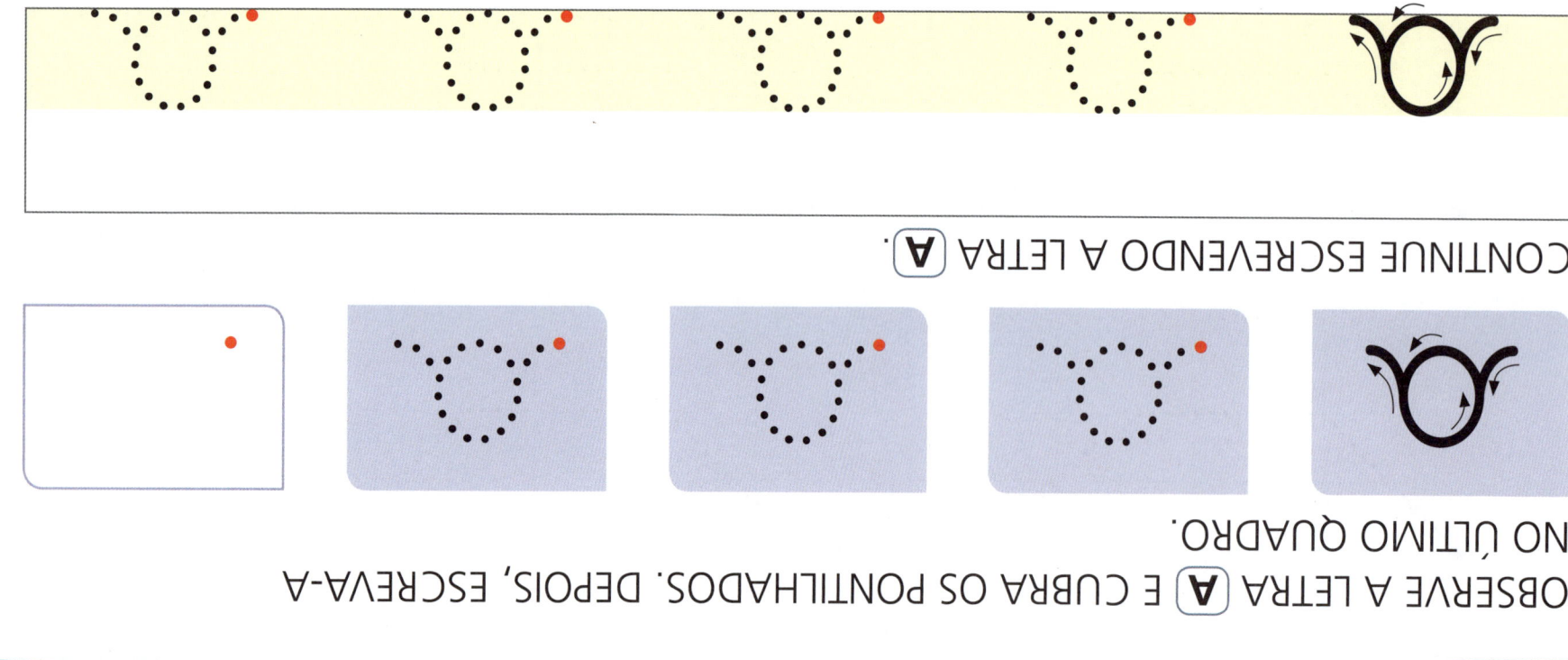

CONTINUE ESCREVENDO A LETRA A.

OBSERVE A LETRA A E CUBRA OS PONTILHADOS. DEPOIS, ESCREVA-A NO ÚLTIMO QUADRO.

OBSERVE A LETRA E E CUBRA OS PONTILHADOS. DEPOIS, ESCREVA-A NO ÚLTIMO QUADRO.

CONTINUE ESCREVENDO A LETRA E.

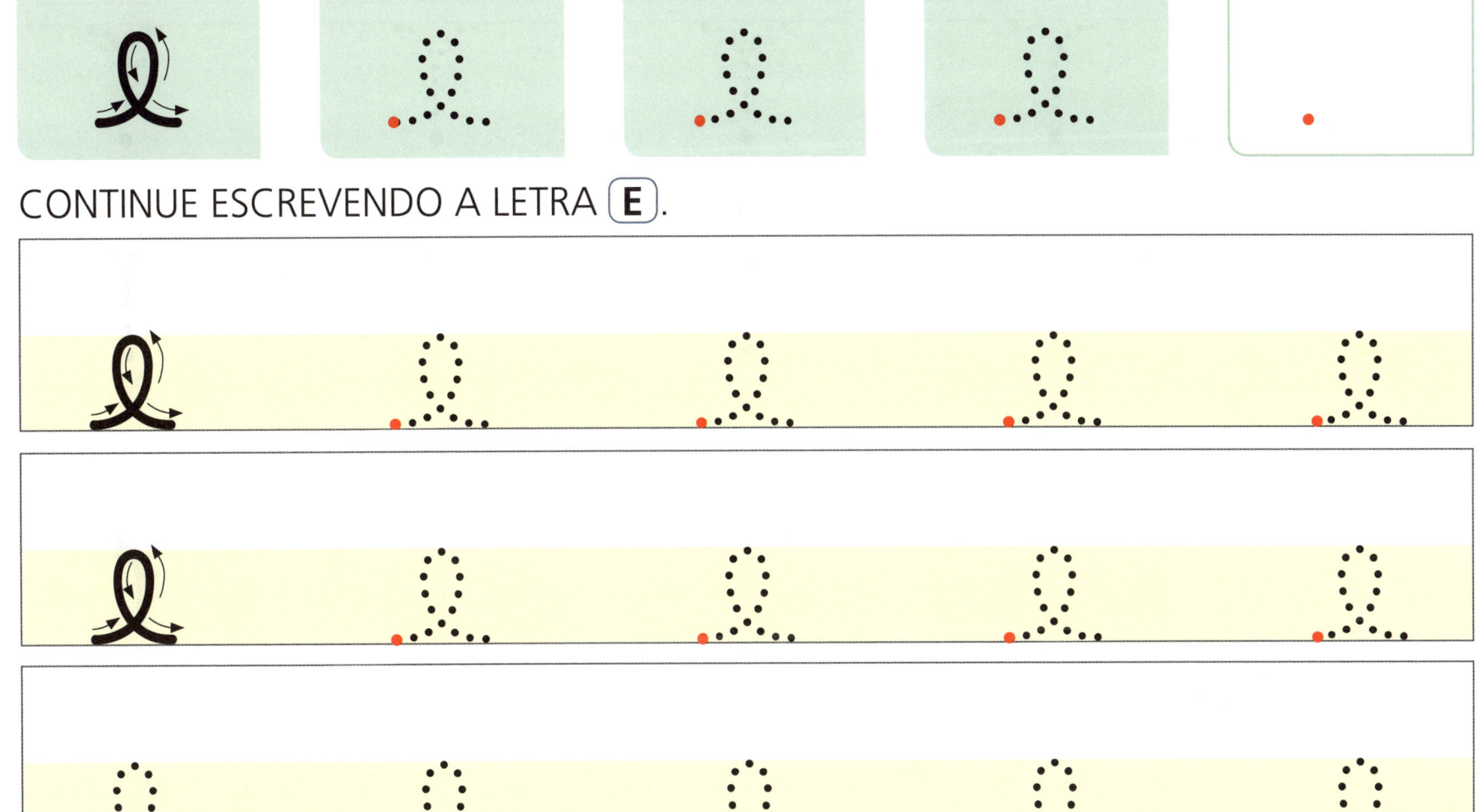

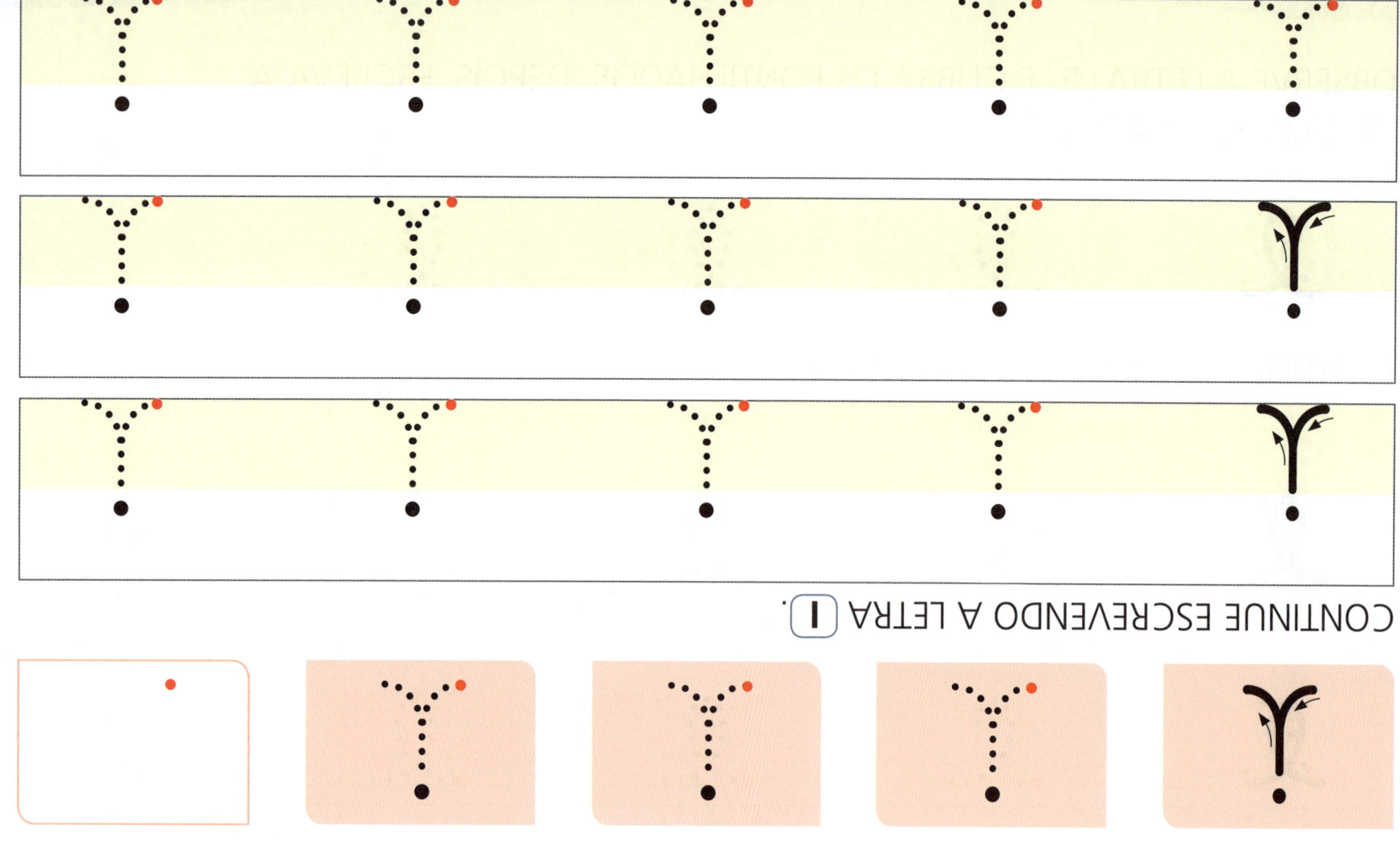

CONTINUE ESCREVENDO A LETRA Y.

OBSERVE A LETRA Y E CUBRA OS PONTILHADOS. DEPOIS, ESCREVA-A NO ÚLTIMO QUADRO.

OBSERVE A LETRA O E CUBRA OS PONTILHADOS. DEPOIS, ESCREVA-A NO ÚLTIMO QUADRO.

CONTINUE ESCREVENDO A LETRA O.

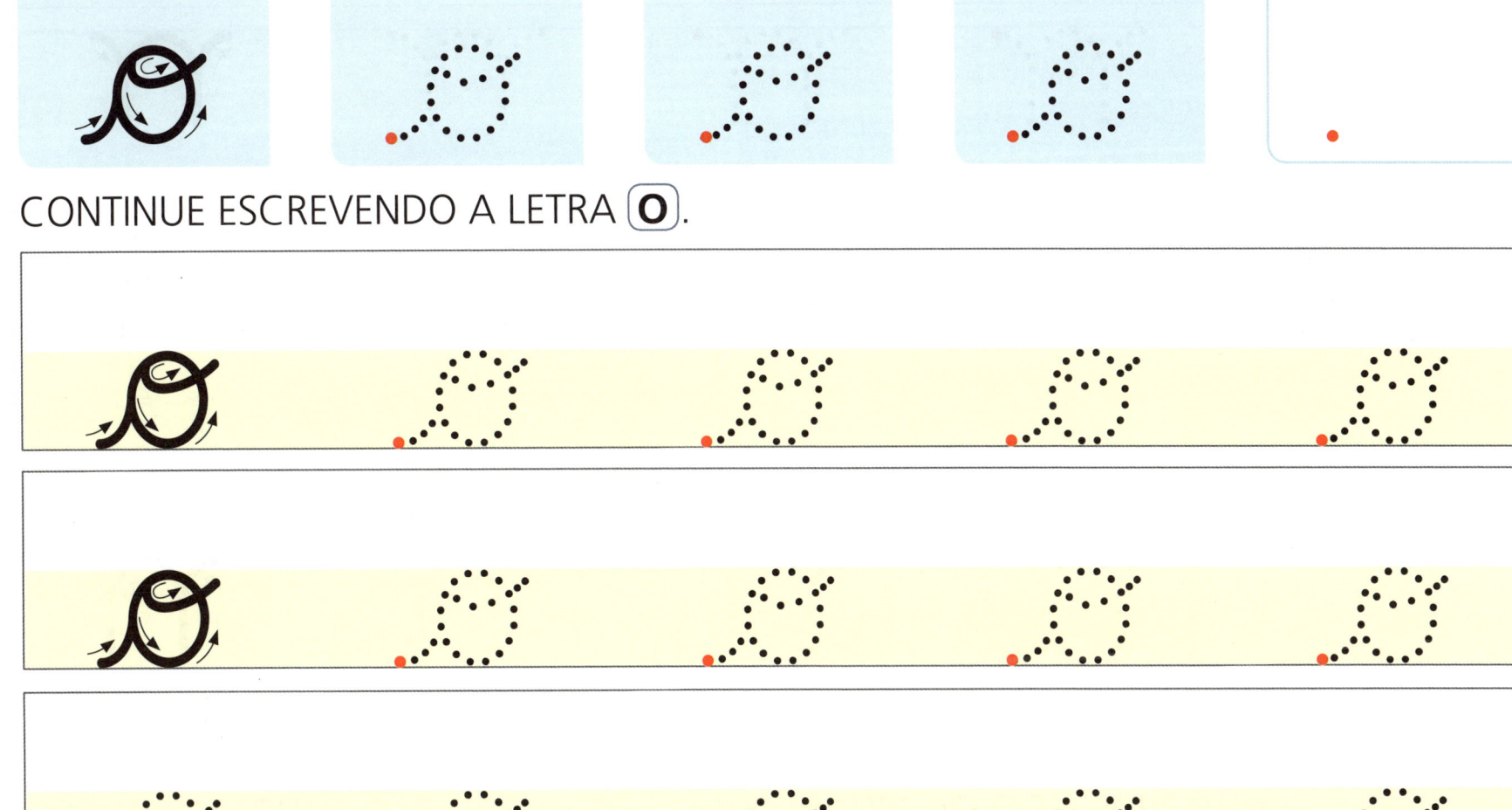

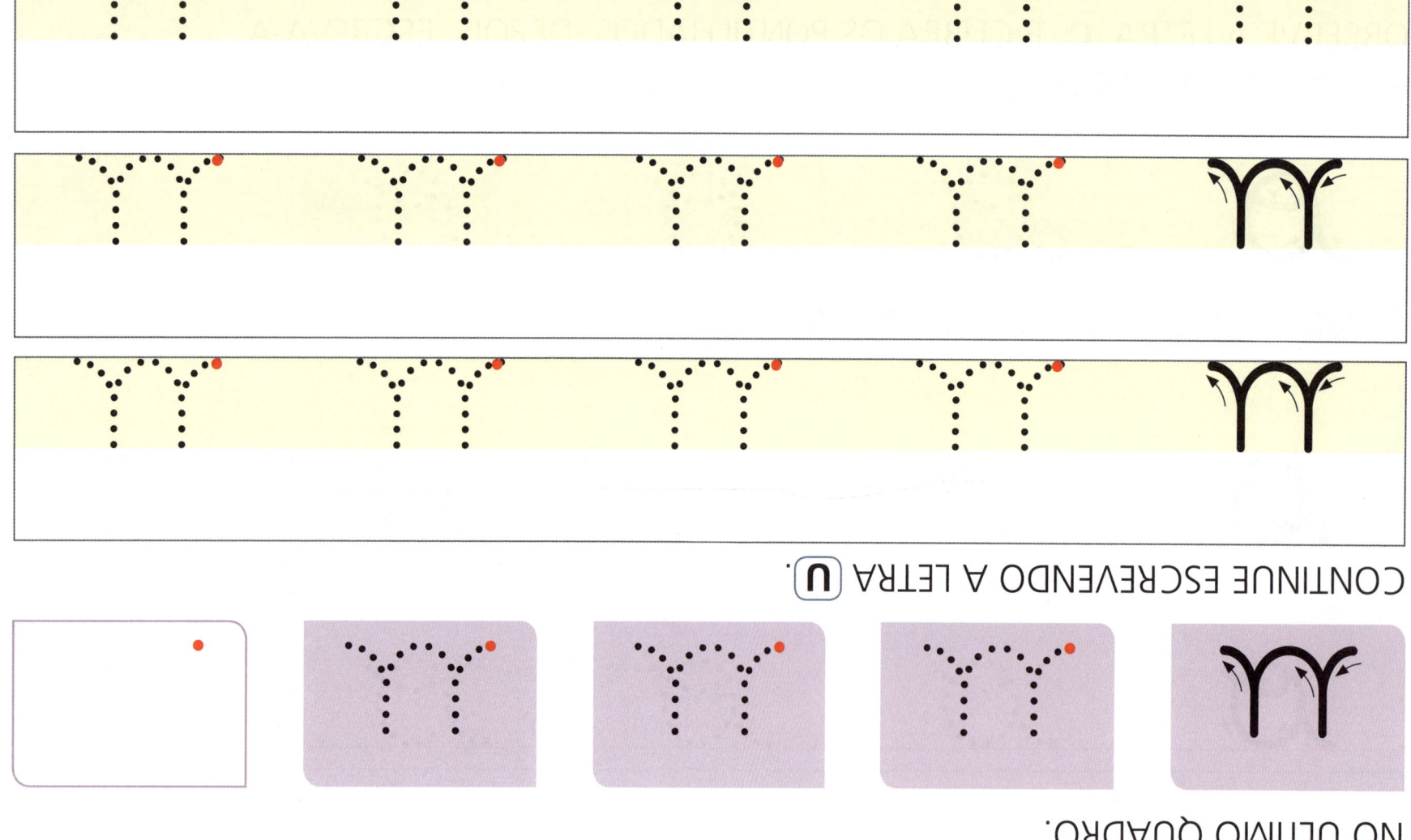

# CUBRA OS PONTILHADOS.

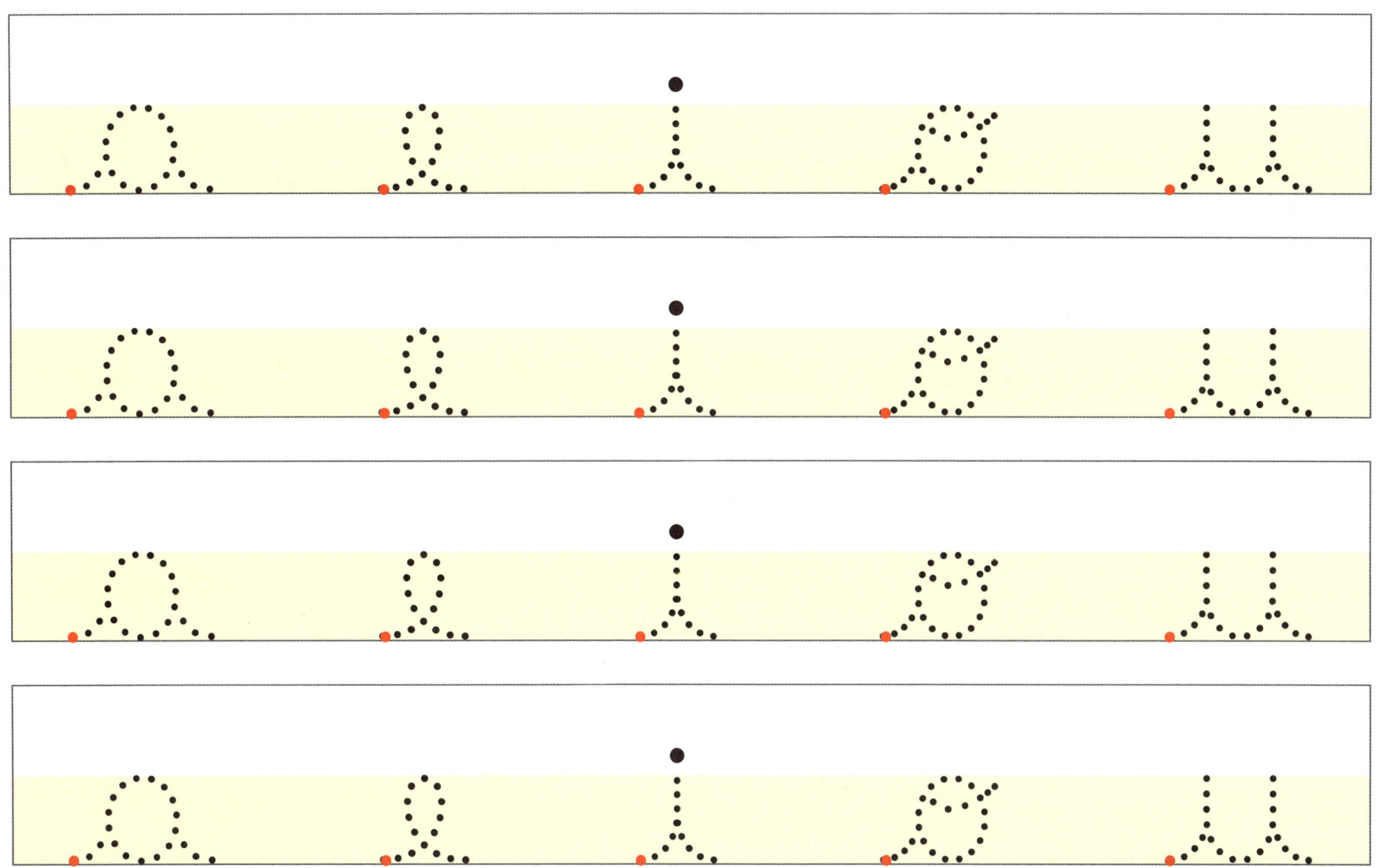

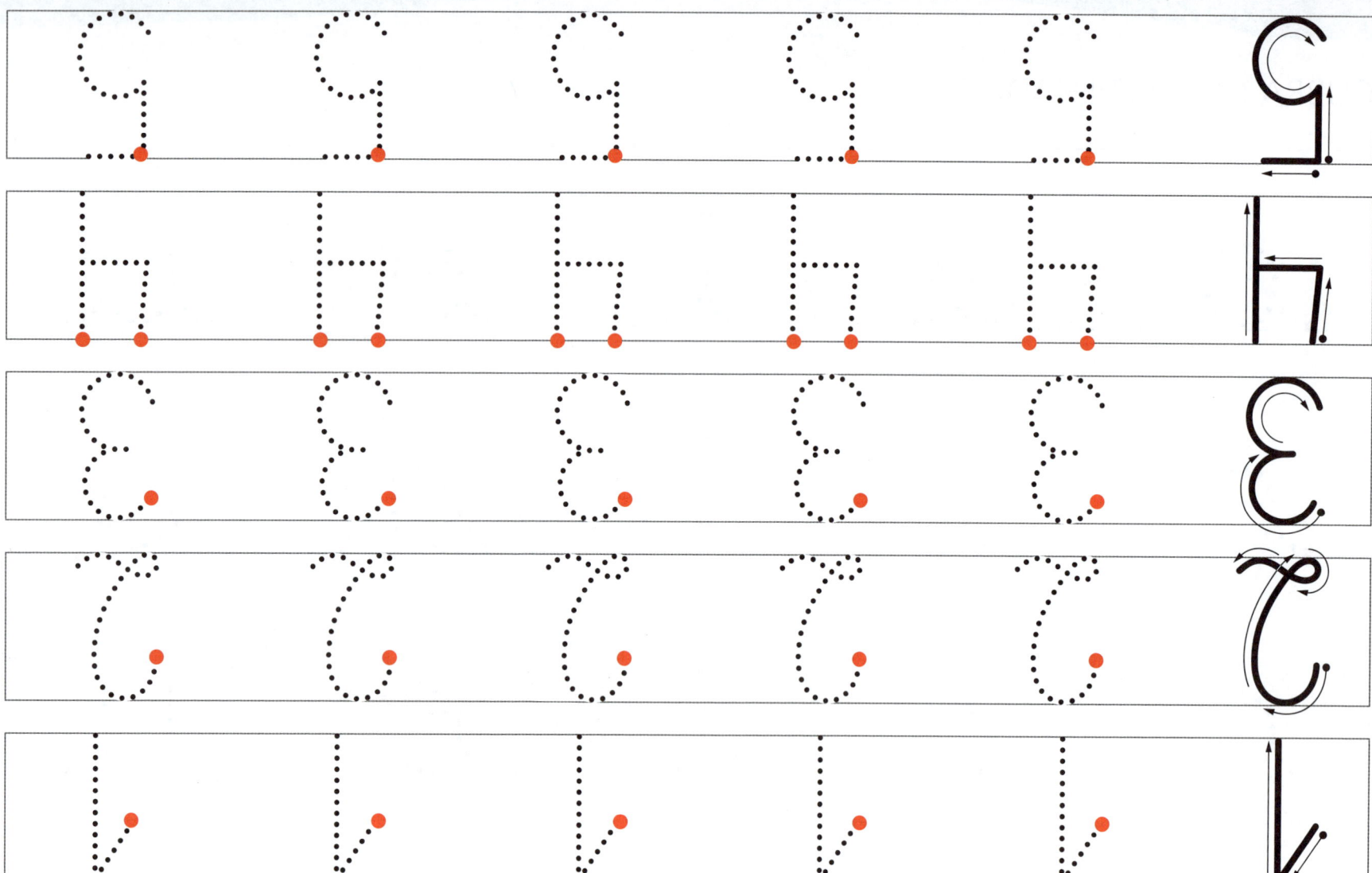

OBSERVE OS NÚMEROS. DEPOIS, CUBRA OS PONTILHADOS.

OBSERVE OS NÚMEROS. DEPOIS, CUBRA OS PONTILHADOS.

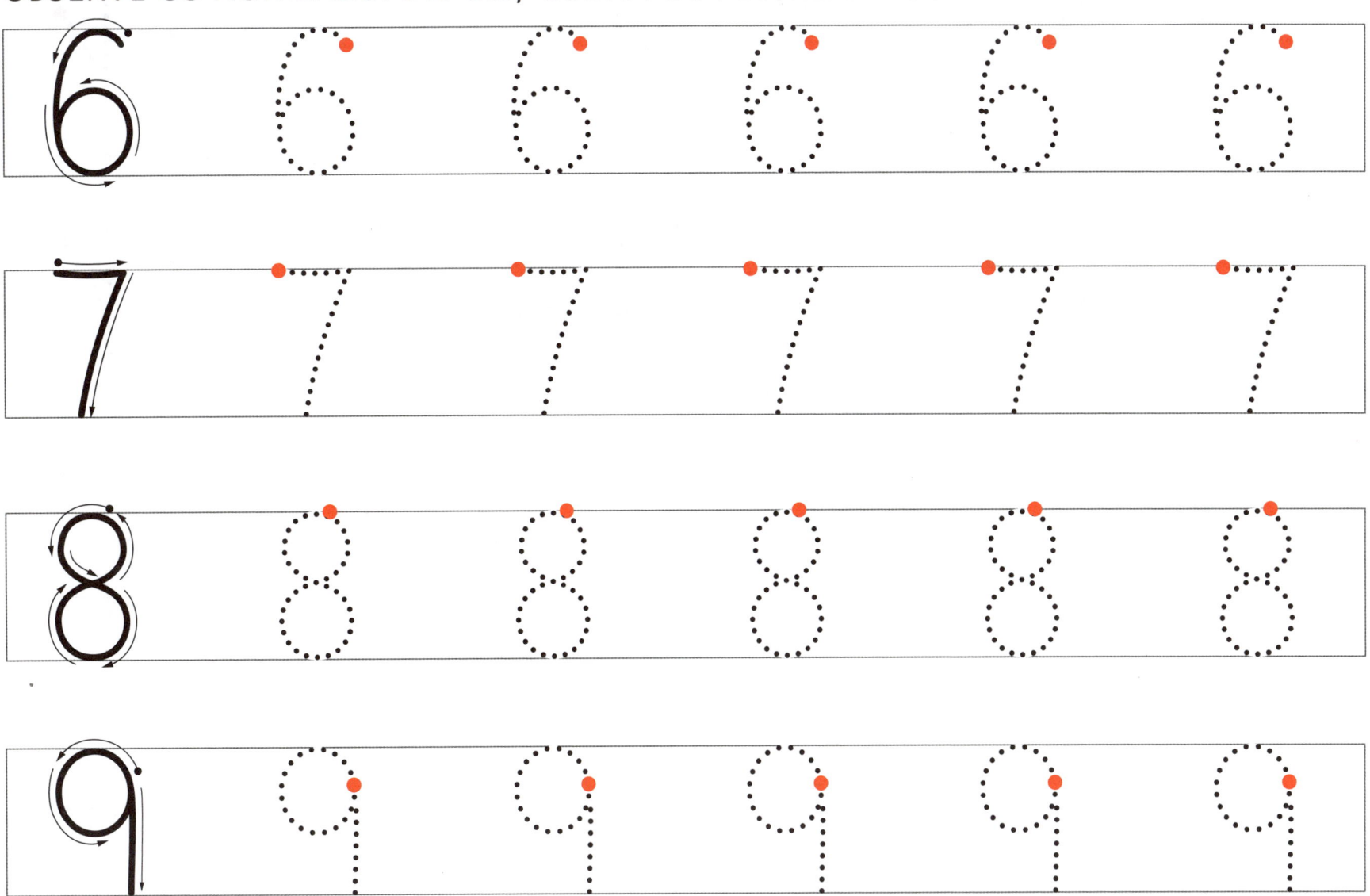

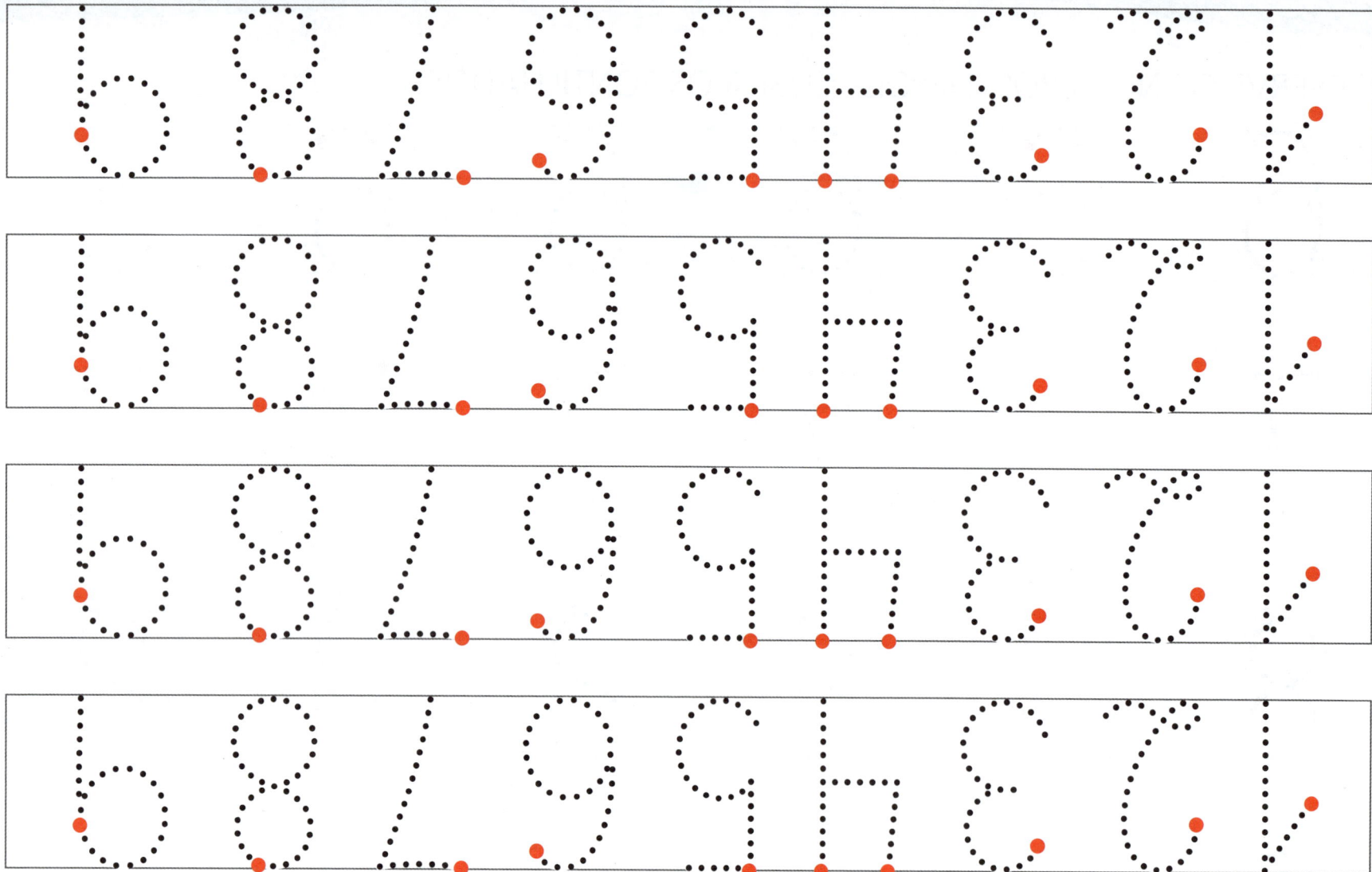

CUBRA OS PONTILHADOS.